20년 전 서울신학대학 재학 시절 남서울교회에서 실시하는 제1회 신학생을 위한 전도폭발 훈련(1989년)을 받았습니다. 훈련 받을 당시 나는 서울신학대학 강남고속터미널 전도대원이었는데, 보다 나은 전도 방법을 찾고 있던 나에게 전도폭발 훈련은 놀랍고 경의로운 훈련이었습니다. 너무 오랜 시간이 지나서 성함은 알 수 없지만 당시 남서울교회 평신도 교사로 섬기시던 권사님들과 나의 훈련자이셨던 집사님, 당시 강사이셨던 이강천, 홍문균, 이창호, 최석범 목사님에게 이 지면을 통해 감사 드립니다. 초판 발행 이후 만화를 보완 수정하여 10년 만에 다시 출판하게 됨을 기쁘게 생각하며 전도훈련에 도움이 되길 바랍니다.

누구나 쉽게 배우는 만화전도
구제: 안녕하십니까? 선생님

© 생명의말씀사 2000, 2009

2000년 3월 25일 1판 1쇄 발행
2001년 4월 25일   2쇄 발행
2009년 9월 30일 2판 1쇄 발행
2023년 7월 20일   2쇄 발행

펴낸이 | 김창영
펴낸곳 | 생명의말씀사

등록 | 1962. 1. 10. No.300-1962-1
주소 | 서울시 종로구 경희궁1길 6 (03176)
전화 | 02)738-6555(본사) · 02)3159-7979(영업)
팩스 | 02)739-3824(본사) · 080-022-8585(영업)

지은이 | 김양태

인쇄 | 영진문원
제본 | 보경문화사

ISBN 978-89-04-10105-4 (03230)

저작권자의 허락 없이 이 책의 일부 또는 전체를
무단 복제, 전재, 발췌하면 저작권법에 의해 처벌을 받습니다.

누구나 쉽게 배우는 만화전도

서 문

국제 사회는 빠른 속도로 변모하고 있습니다. 모든 것이 바뀌어도 기독교의 진리는 바뀔 수 없습니다. 한국 교회는 다양한 전도 방법이 소개되어 있습니다. 그 중 전도폭발 전도방법은 1963년도 제임스 케네디 목사이 시작하여 지역교회를 중심으로 신학교와 선교기관에 세계교회에 영향을 주었고, 많은 목회자와 평신도들을 무장시켜왔습니다.

이 책에 소개된 전도폭발 전문 복음제시 만화는 한 전도자와 50년 세월 만화작가로 살아온 김삼 화백과의 만남을 통해 빛을 보게 된 작품입니다. 김삼 화백은 전도폭발 전문 내용을 만화로 그리던 중 예수 그리스도를 영접하게 되었습니다. 전도가 어렵다고 생각하는 분들에게 큰 도움을 줄 것으로 기대합니다. 이 책의 특징을 말한다면 다음 몇가지로 요약 할 수 있습니다. 보통 전도폭발훈련 13주 훈련 중간쯤 지나야 전체 복음제시 전개과정을 이해할 수 있는데, 이 만화 복음제시는 전도 훈련 초기부터 전도훈련에 도움을 줄 것으로 기대합니다. 교육적인 효과를 높이기 위해 실제전도 현장을 전도폭발 복음제시 전문[1]에 입각하여 만화로 생동감, 얼굴표정, 예화들을 전도자의 동작 하나하나까지 실제 현장을 보는 것처럼 표현했습니다.

복음의 전개 과정인 암기개요, 성경구절, 예화를 이해하는데 큰 도움을 줄 것입니다. 이 만화는 국제전도폭발 복음제시 전문 내용을 토대로 그려진 것입니다. 이 책을 통해 전도폭발 훈련을 받기를 원하는 분은 다음 전화로 연락하면 훈련 받을 수 있습니다. 전도폭발 한국본부 (02-3411-5974)

전도자(훈련자) 모델은 김삼 화백의 아내를 모델로 삼았습니다. 끝으로 복음제시 내용이 그림으로 나올 수 있도록 인도하신 하나님께 감사 드리고 밤을 지새우며 기쁨으로 이 그림을 그려주신 김삼 화백에게 깊은 감사의 뜻을 전합니다.

2009. 9. 24
김 양 태

감사의 글

　　40대 이후 독자 여러분들은 소년 동아일보에 연재되었던 만화 '**소년007**'을 기억하실 것입니다. 저는 그 때 그 만화를 그렸던 김 삼 입니다. 영생을 얻기 이전에 저는 겉으로는 화려한 이름의 만화가 였으나 치열한 아이디어와의 싸움, 매일 매일 닥치는 마감시간, 거기에다가 근거를 알 수 없는 허무주의에 빠져 매일같이 술로 마음을 달래는 파행적인 삶을 살았습니다. 아이디어를 핑계로 감각적이고 흥미 위주의 책 사모으기를 독서인양 착각했고, 모든 사물을 왜곡된 시선으로 보는 괴팍한 성격을 가진 사람이었으나 그것을 개성이라고 착각하고 살았습니다. 파향적 삶을 사는 동생을 보다못해 누님은 나에게 신앙생활을 권하기도 했으나 세상적인 것만이 전부라고 여겨온 나에게는 그 말이 들어올 턱이 없었습니다. 그러던 중 작년 이맘 때 그렇게 나를 걱정해 주시던 누님이 갑자기 돌아가셨고 장례 하관식에서 매형의 통곡 소리를 들으면서 나는 내 삶을 되돌아 보게 되었습니다.

　　인생의 무상함과 삶의 고뇌를 느끼고 있을 때 복음의 내용을 만화로 그려달라는 제의가 들어왔습니다. 이 작업은 나도 모르게 복음을 영접하는 축복된 시간이 되었습니다. 유일하신 하나님은 괴팍한 성격을 갖고 있는 나에게 그림을 그리는 은사도 주시고, 그 그림을 통하여 영생을 선물로 주셨습니다. *할렐루야!*

그 날 이후 저의 삶은 완전히 바뀌었습니다. 아내와 함께 교회에 나가면서 내가 그 동안 어둠속에서 얼마나 헤매였는지 알게 되었습니다. 부정적으로만 보던 모든 것과 화목하니 마음에 평안이 찾아왔고 풀 한포기, 나무 한포기, 나무 한그루에도 감사할 줄 아는 사람으로 변했습니다. 굼뱅이가 거름더미에서 나와 하늘을 훨훨 나는 나비가 된 기분이라고 할까요. 이제는 흥미위주의 현세적인 꿈과 삶을 다루는 작품이 아니라 보이지 않는 하늘나라를 바라보며 많은 사람들에게 보이지 않는 영생의 꿈을 전해주고 싶습니다. 나에게 영생을 선물로 주신 그분을 위해 나의 삶을 의미있고 가치있게 살려합니다.

 주여! 감사합니다.

 펜 끝에 항상 성령의 불꽃이 타오르게 해주시고 쉴 새 없이 영감을 부어 주사 부끄럽지 않은 전도 만화집이 되게 하여 주신 것 너무 너무 감사합니다. "주여! 이 전도 만화를 과연 제가 그린 것입니까?"

 기도와 격려로 이 영감의 전도 책자가 나오게 해주신 황대식 목사님, 김양태 목사님, 전도폭발 전략위원 여러분, 그리고 모든 성도 여러분께 감사드립니다. 곁에서 기쁨으로 모델이 되어준 아내에게도 고마움을 전하고 싶습니다.

2009. 9. 24

김 삼

목차

목차

- 서 문
- 감사의 글

1장. 만화로 보는 전도폭발 복음제시 · 11
- 서론 · 13
- 복음설명 · 25
- 결신 · 41
- 즉석양육 · 47

2장. 전도의 접촉점을 개발하라 · 55
- 생선가게 아저씨와의 만남 · 56
- 꽃가게 아주머니와의 만남 · 58
- 카센터 아저씨와의 만남 · 60

3장. 전도의 기회를 포착하라 · 63
- 승강장에서 할머니와의 만남 · 64
- 한국 전력공사 기사와의 만남 · 71
- 사업 동료 박사장과의 만남 · 77

4장. 적극적으로 찾아가라 · 83
- 공원에서 할아버지와의 만남 · 85
- 공항에서 여행객과의 만남 · 91
- 병원에서 젊은 엄마와의 만남 · 96

5장. 종교 질문지 활용 교안
- 종교질문지 · 103
- 종교질문지 교안 · 104
- 각주 · 110

제 1 장

만화로 보는 전도폭발 복음제시

- 서론
- 복음설명
- 결신
- 즉석양육

누구나 쉽게 배우는 만화전도

1장

서론

가. 그들의 일반생활

나. 그들의 교회배경

다. 우리 교회(교회에 대한 첫 인상)

라. 간증(교회간증과 개인간증)

디모데형 개인 간증

이러한 생활 가운데 삶의 변화를 경험하게 되었습니다. 삶의 의미를 찾지 못하고 방황하고 있을 때 어떤 고마운 분을 통해 영생을 얻게 되었습니다. 영생을 얻은 이후 저는 삶의 의미와 목적이 분명해졌습니다.

지금까지 앞날에 대한 두려움과 죽음에 대한 공포가 있었지만 지금은 완전히 해방되었고, 기쁨과 희망이 넘치는 삶을 살아가고 있습니다. 여전히 부족한 것도 많고 허물이 많은 나에게 영생을 선물로 주신 그 분 앞에 늘 감사하며 살아갑니다.

수년이 지난 일이지만 영생을 얻은 기쁨과 그 감격은 지금도 잊을 수가 없습니다.
오늘도 그 감격은 저의 삶의 원동력이 되고 있습니다.

걱정, 근심, 슬픔 많은 세상을 살면서 두려움 없이, 기쁨과 희망의 삶을 살아 갈 수 있는 것은

오늘 밤, 제가 이 세상을 떠난다 할지라도 천국에서 눈뜰 확신이 있기 때문입니다.

바울형 개인간증

영생을 얻기 전 저는 상업을 하는 남편과 귀여운 딸을 둔 평범한 가정주부였습니다. 딸 혜영이가 네 살 되던 해 어느 봄날, 건강하였던 남편이 갑자기 심장마비로 이 세상을 떠나게 되었습니다.

남편이 없는 생활은 나에게 한마디로 삶에 대한 목적도, 애착도 잃게 만들었습니다. 시집 식구들의 위로의 말 뒤에는 그들의 따가운 눈총이 느껴졌습니다.

날이 갈수록 그것은 내가 있을 곳이 못 된다는 생각이 들었고, 남편의 사십구재를 지낸 후 시댁에서 나와 친정으로 오게 되었습니다. 친정 부모님과 형제들의 많은 도움속에서 하루하루 살았습니다.

나에게는 삶의 의미와 앞날에 대한 뚜렷한 설계는 없었지만 딸 혜영이를 잘 키워야겠다는 생각과 나에게 도움을 준 분들의 은혜에 보답해야 겠다는 생각이 자리잡고 있었습니다.

나의 생활을 영위하기 위해서는 할 수만 있다면 무슨 일이든지 해야만 한다는 막연한 생각뿐이었습니다. 그렇게 세상 일에 연연해하며 살고 있던 어느 날 나는 영생을 얻었습니다..

그 날 이후로 나의 모든 것이 바뀌어졌습니다. 막연하기만 하였던 나의 앞날에 희망을 가지게 되었으며, 분명한 인생의 목적과 소망을 가지게 되었습니다.

마. 두 가지 진단질문

누구나 쉽게 배우는 만화전도

1장

복음설명

가. 은혜

(1) 천국은 값없이 주시는 하나님의 선물입니다 6)

성경에 보면
"하나님의 은사(gift)는 그리스도 예수 우리 주안에 있는 영생이니라"(롬6:23)고
말씀하고 있습니다.

우리가 살면서 생명에 필요한 밝은 햇빛, 공기, 물 등은 다 선물로 거져 받았습니다 7)

(2) 그것은 돈이나 공로나 자격으로 얻는 것이 아닙니다.

성경에 보면 "너희는 그 은혜에 의하여 믿음으로 말미암아 구원을 받았으니 이것은 너희에게서 난 것이 아니요 하나님의 선물이라 행위에서 난 것이 아니니 이는 누구든지 자랑하지 못하게 함이라."(엡2:8-9)고 말씀하고 있습니다.

친구의 선물예화

만일 자매님의 친구가 값진 선물을 가져왔는데 자매님이 지갑에서 돈을 꺼내어 선물 값을 지불하려 한다면 친구에게 얼마나 모욕적인 행동이 되겠습니까? 선물은 값없이 받아야만 합니다. 단 한 푼이라도 지불한다면 그것은 더 이상 선물이 아니지요. 천국(영생)도 이와 마찬가지입니다.8) 그렇다면 하나님은 왜 천국(영생)을 선물로 주셔야만 할까요?

나. 인간

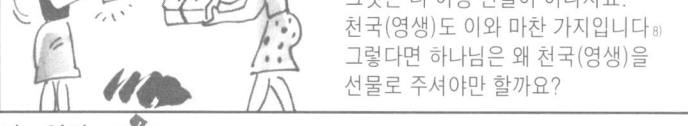

그것은 성경이 인간에 대해서 말씀하고 있는 것을 이해할 때 좀 더 분명히 알 수 있습니다.

(1) 인간은 죄인입니다.

성경에 보면 "모든 사람이 죄를 범하였으매 하나님의 영광에 이르지 못하더니"(롬3:23) 라고 말씀하고 있습니다.

죄의 정의

흔히 죄라고 하면 우리는 강도나 살인, 도적질, 간음 등을 생각하지요. 그러나 성경에서는 죄를 이렇게 정의하고 있습니다. 남을 속이거나 화를 내는 것처럼 하지 말아야 할 것을 하는 것만이 죄가 아니라, 부모를 공경하지 않거나 이웃을 내 몸과 같이 사랑하지 않는 것처럼 해야 할 것을 하지 않는 것도 역시 죄입니다.
또한 죄는 행동으로만 짓는 것이 아니라 교만, 정욕, 미움, 탐심, 시기, 질투, 거짓말처럼 마음 속에 품고 있는 생각과 말로도 짓게되지요.
그러나 무엇보다도 하나님을 하나님으로 믿지 않는 것이 가장 큰 죄라고 말씀하고 있습니다 9)

하루 세 번의 죄 예화

예를 들어 어떤 사람이 하루에 열 번이나 다섯 번, 아니 단지 세 번만 죄를 짓는다고 생각해 봅시다. 아마 이런 사람은 걸어 다니는 천사라고 말할 수 있을 것입니다.
이처럼 선한 사람이라 할지라도 하루에 세 번이면 일 년에 천 번 이상,

90평생을 산다면 9만 번 이상의 죄를 짓게 되지요. 이처럼 많은 범죄 기록을 가진 상습범이 형사법정에 선다면 과연 무죄판결을 받을 수 있을까요? 그럴 수가 없지요. 이 세상에서 자신은 죄인이 아니라고 주장할 수 있는 사람은 아무도 없어요.

성경에 보면, "하늘에 계신 너희 아버지의 온전하심과 같이 너희도 온전하라"(마5:48)고 말씀하고 있습니다. 우리가 선행으로 천국에 들어가기를 원한다면 하나님의 표준에 도달해야 돼요. 하나님의 표준은 온전하라는 것이에요. 그러나 이 세상에 하나님의 표준에 도달할 수 있는 사람은 단 한 사람도 없어요 10) 그러므로...

(2) 죄인은 자신을 구원할 수 없습니다.

썩은 계란 요리 예화

만일 싱싱한 계란 다섯 개에 썩은 계란 하나를 섞어 요리해준다면 그것을 기쁘게 먹을 사람은 아무도 없을 것입니다.

사람들은 자신들의 삶 속에 선한 것들이 많다고 생각하지만, 조금이라도 부패한 생각과 행위가 있는 한, 온전하신 하나님은 결코 우리를 기쁘게 받으실 수 없습니다 11)

성경에 보면 "누구든지 온 율법을 지키다가 그 하나를 범하면 모두 범한 자가 되나니" (약2:10)라고 말씀하고 있습니다.

이제 왜 우리가 자신의 선행으로 천국에 들어 갈 수 없는지 그 이유를 아시겠지요?
성경에는 우리 인간의 행위에 대해서

"어떤길은 사람의 보기에 바르나 필경은 사망의 길이니라"(잠14:12)고 말씀하고 있습니다.

다. 하나님

그것은 성경이 하나님에 대해서 말씀하고 있는 것을 이해할 때 좀 더 분명히 알 수 있습니다.

(1) 하나님은 자비로우셔서 우리를 벌하시는 것을 원치 않으십니다 [2]

성경에 보면 "하나님은 사랑이심이라"(요일4:8)고 말씀하고 있습니다. 그런데 성경에 보면 자비로우신 하나님이 또한 의로우시다고 말씀하고 있습니다.

(2) 하나님은 또한 의로우시기 때문에 우리 죄를 반드시 벌하셔야만 합니다 [2]

성경에 보면 "형벌 받을 자는 결단코 면죄하지는 아니하고... 보응하리라" (출34:7)고 말씀하고 있습니다.

은행 강도 예화

어떤 무장 강도가 은행을 털다가 현장에서 붙잡혔습니다. 그 강도는 아무도 해치지 않았고 돈도 다 돌려주었습니다. 그렇다고 해서 판사가 그 강도를 풀어준다면 그를 공의로운 판사라고 할 수는 없겠지요.

이 세상 판사도 법의 기준 때문에 범법자를 벌해야 한다면 하물며 의로우시고 거룩하신 하나님은 얼마나 더 우리 죄를 벌하셔야만 할까요? 성경이 형벌 받을 자를 결단코 면죄하지 않으리라고 말씀하는 이유가 바로 여기에 있습니다.13)

라. 예수 그리스도

하나님은 자비로우셔서 우리를 벌하시는 것을 원치 않으시지만, 하나님은 의로우시기 때문에 우리 죄를 반드시 벌하셔야만 하는 이 문제를 예수 그리스도 안에서 해결하셨습니다.

(1) 예수 그리스도는 무한하신 참 하나님이신 동시에 참 인간이십니다 14)

성경에 보면 "태초에 말씀이 계시니라 (여기서 말씀은 예수님을 가리키죠) 이 말씀이 하나님과 함께 계셨으니 이 말씀은 곧 하나님이시니라. 말씀이 육신이 되어 우리 가운데 거하시매 우리가 그 영광을 보니 아버지의 독생자의 영광이요 은혜와 진리가 충만하더라" (요1:1, 14) 이렇게 예수님을 증거하고 있습니다.

누구나 쉽게 배우는 만화전도

그렇다면 예수 그리스도가 이 땅에 오셔서 하신 일은 무엇일까요?

(2) 예수 그리스도는 우리를 위하여 완전한 삶을 사시고, 우리의 죄 값을 대신 치르시고, 우리에게 천국(영생)을 선물로 주시기 위하여 십자가에서 죽으시고 부활하셨습니다 14)

또한 도마라는 제자는 부활하신 예수님을 보고 놀라 소리쳐 말하기를,

"나의 주님(my Lord)이시요 나의 하나님(my God)이시니이다" (요20:28)라고 고백하였습니다.

죄를 기록한 책 예화

(왼손으로 책을 들어올리며) 이것이 저의 삶을 아주 상세히 기록해 둔 책이라고 생각해 봅시다. (왼손에 든 책표지를 오른손으로 가리키며) 여기에는 제가 태어나서 지금까지 지은 모든 죄, 제 마음에 스쳐간 모든 생각,

제가 한 모든 말과 모든 행위가 낱낱이 기록되어 있습니다. 성경은 언젠가 이 책이 하나님 앞에 (왼손에 든 책을 오른손으로 펼치며) 펼쳐지고 제가 행한 대로 (펼친 책을 오른손으로 두드리며) 심판 받게 될 것을 말씀하고 있습니다.

(책을 든 왼손을 올리며) 그런데 여기에 문제가 있습니다. 바로 이 책에 기록된 저의 죄가 (오른손으로 책을 가리키며) 문제입니다.

하나님은 (책을 들고 있는 왼손의 손가락과 손등을 오른손으로 쓰다듬으며) 저를 사랑하시지만

저의 (오른손으로 왼손의 책을 가리키며) 죄는 미워하셔서 반드시 벌하셔야만 합니다.

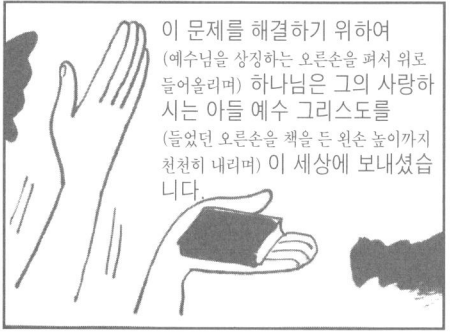
이 문제를 해결하기 위하여 (예수님을 상징하는 오른손을 펴서 위로 들어올리며) 하나님은 그의 사랑하시는 아들 예수 그리스도를 (들었던 오른손을 책을 든 왼손 높이까지 천천히 내리며) 이 세상에 보내셨습니다.

성경에 보면 "우리는 다 양 같아서 그릇 행하여 각기 제 길로 갔거늘 (책을 든 왼손을 수평으로 두세 번 왼쪽으로 움직이며) 여호와께서는 우리 모두의 죄악을 (책을 든 왼손으로 원을 그리며) 그에게 (예수 그리스도에게), (분명한 동작으로 왼손의 책을 오른손으로 소리 나게 옮겨 놓으면서) 담당시키셨도다!" (사53:6)라고 말씀하고 있습니다.

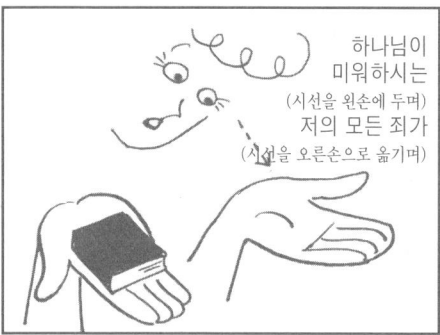
하나님이 미워하시는 (시선을 왼손에 두며) 저의 모든 죄가 (시선을 오른손으로 옮기며)

그의 사랑하시는 아들 예수 그리스도에게로 옮겨졌습니다. (오른손의 책을 가리키며)

예수님은 친히 십자가에 달려 그 자신의 몸으로 우리의 죄를 대신 담당하셨습니다. 15)

다 이루었다.

테텔레스타이 예화

십자가 위에서 우리의 죄 값이 다 치러졌을 때 예수님은 **"다 이루었다"** 라고 말씀하셨습니다. 성경 원문에서 이 말은 **'테텔레스타이'** 라는 상업적인 용어로 '완불되었다' '빚이 갚아졌다' 라는 뜻입니다. 범죄한 우리의 모든 죄 값을 예수님이 대신 다 갚아주신 것입니다.

예수님은 사흘 만에 부활하셔서 우리에게 천국의 영생을 선물로 주시기 위하여 승천하셨습니다. 지금 예수님은 천국의 영생을 선물로 주시고자 합니다. 그렇다면 우리가 이 영생의 선물을 어떻게 받을 수 있을까요?

마. 믿음

이 선물은 믿음으로 받습니다.

천국 문을 여는 열쇠 예화
믿음은 천국 문을 여는 열쇠입니다. 여기 열쇠 꾸러미가 있습니다. (열쇠꾸러미를 보여준다) 이 열쇠들은 거의 비슷해 보이지만,

저희 집 현관문을 열 수 있는 것은 이것 (열쇠를 높이 들며) 한 가지 뿐입니다.

마찬가지로 천국 문을 여는 바른 열쇠는 구원 받는 참 믿음뿐입니다. 그러나 비슷하지만 구원 받지 못하는 믿음도 있습니다 16)

(1) 단순한 지식적 동의와 일시적 현세적 믿음은 구원받는 믿음이 아닙니다 17)

어떤 사람들은 세종대왕이나 이순신 장군을 역사상 실존인물로 믿듯이 예수님을 믿고 있지만 그 예수님이 지금도 살아 계셔서 우리를 위해 무엇을 해 주시리라고는 믿지 않습니다. 이처럼 단순한 역사적 사실에 대한 지식적 동의로는 구원받을 수 없습니다 17)

성경에 보면 "네가 하나님은 한 분이신 줄을 믿느냐? 잘하는도다! 귀신들도 믿고 떠느니라" (약2:19) 또 귀신이 예수님께 "하나님의 아들이여 우리가 당신과 무슨 상관이 있나이까?"(마 8:29)라고 말을 했어요. 귀신은 예수님이 하나님의 아들이라는 사실을 지식적으로는 분명히 알고 있었지만 예수님과 아무런 상관이 없다고 했기 때문에 구원을 받을 수 없었지요.

세종대왕, 이순신 장군, 예수님도 다 돌아가신 분인걸

사람들이 구원받는 믿음에 대해 잘못 생각하는 것이 또 하나 있습니다. 바로 일시적 현세적 믿음이지요.

재정 문제, (제발 돈 좀 많이 벌게 해주오...)

건강 문제, (빨리 낫게 좀... 아멘)

일시적 현세적 믿음
예수님을 믿고 있다고 생각하는 사람들에게 실제로 무엇을 믿고 있는지 물어보면

자녀 문제와 같은 (S대에 꼭 들어가게 해주소서... 아멘)

주여... 해도 될까요?

일시적이고 현세적인 일들을 위해서만 예수님을 의지하고 있음을 알 수 있습니다.

자꾸 현세적 믿음으로 돌아오니 참!

그들은 그러한 문제들이 해결되고 나면 더 이상 예수님을 의지하지 않습니다. 잠시 있다 지나갈 이 세상의 일들을 위해서만 예수님을 믿고 있는 것입니다. 하지만 이러한 일시적 현세적 믿음은 구원받는 믿음이 아닙니다.

그렇다면 구원 받는 믿음은 무엇일까요?
(2) 구원 받는 참 믿음은 우리의 구원을 위해서 오직 예수 그리스도만을 신뢰하는 것입니다.

성경에 보면 "주 예수를 믿으라! 그리하면 너와 네 집이 구원 받으리라"(행16:31)고 말씀하고 있습니다.

자매님, 앞에서 자매님은 천국에 들어갈 이유에 대해 "나름대로 성실히 살고 남을 위해 선한 일을 했기 때문"이라고 하셨죠?

예

그 대답을 할 때 누가 성실히 살고 또 누가 남을 위해 선한 일을 했다는 말씀인가요?

제가요

그렇다면 자매님은 천국에 들어가기 위해 실제로 누구를 믿고 있었나요?

그러고 보니 제 자신이었네요.

그러나 천국의 영생을 선물로 받으려면 신뢰의 대상을 자매님 자신으로부터 예수님에게로 옮기셔야만 합니다.

선행과 경건 생활의 동기 예화

그렇다면 그리스도인들은 믿기만 하면 구원을 받기 때문에 "아무렇게나 살아도 되겠네!"라고 생각할 수 있습니다. 하지만 우리가 믿음으로만 구원을 받는다 해도 선행과 경건 생활에 힘써야 할 이유는 구원을 받기 위해서가 아니라 천국의 영생을 값없이 선물로 주신 예수님에게 감사하기 때문입니다.

하나님 감사합니다

거지의 손 예화
또한 믿음은 왕이 주는 선물을 받기 위해 내민 거지의 손과도 같습니다.

저는 수년 전에 깨끗하지 못하고 자격 없는 손을 내밀어 만왕의 왕 되신 하나님으로부터 천국의 영생을 선물로 받았습니다. (오른 손의 지갑을 왼손으로 받아 쥔다) 그때 저는 이 선물을 받을 자격이 없었어요.[20]

물론 지금도 자격은 없습니다. 그러나 저는 영생을 가지고 있습니다. 은혜로 받은 것이지요.

결신

가. 확인 질문[21]

"지금까지 제가 성경의 핵심적인 내용을 요약해서 말씀드렸습니다. 자매님, 이해가 되십니까?"

"예"

나. 결신 질문[21]

"지금 이 시간 온 우주만물을 창조하신 하나님이 자매님에게 "사랑하는 딸아, 내가 너에게 이 영생의 선물을 주려고 하는데 받겠느냐? 라고 물으신다면 자매님은 이 영생의 선물을 받기 원하십니까?"

"예"

다. 결신 설명[23]

"감사합니다. 참으로 중요한 결정을 하셨습니다. 이제 자매님의 결정이 무엇을 뜻하는지 간단히 말씀드리겠습니다.
첫째로, 신뢰의 대상을 옮긴다는 뜻입니다.
지금까지의 영생을 얻기 위하여 자매님 자신의 선행을 믿어오셨으나 오직 예수님만 믿겠다는 뜻입니다. 즉 신뢰의 대상을,"

"자매님 자신으로부터 예수님에게로 옮겨야 합니다."

"예"

둘째로, 부활하여 살아 계신 예수님을 영접하겠다는 뜻입니다. 예수님은 십자가에서 죽으시고 무덤에서 장사지냄으로 그의 삶을 끝내신 분이 아닙니다.
부활하여 살아 계신 예수님을 자매님 마음 속에 모셔 들여야 합니다.

셋째로, 예수님을 구주로 영접하겠다는 뜻입니다. 성경에 보면 "볼지어다. 내가 문 밖에 서서 두드리노니 누구든지 내 음성을 듣고 문을 열면 내가 그에게로 들어가 그로 더불어 먹고, 그는 나로 더불어 먹으리라"(계3:20)고 약속하신 예수님을 자매님의 삶 속에 구주로 영접해야 합니다.

넷째로, 예수님을 주님으로 영접하겠다는 뜻입니다.
지금까지는 자매님 자신이 자매님 삶의 주인이었습니다. 이제부터는 자매님을 지으시고, 또한 잘 아시고, 가장 좋은 것을 주시기를 원하시는 예수님을 자매님 삶의 주인으로 영접해야 합니다.

끝으로, 회개하겠다는 뜻입니다.
지금까지 자매님이 살아온 삶은 하나님과 등진 삶이었습니다. 교통 표지판에 U턴 표시가 있는 것처럼 지금까지 살아 온 자매님의 삶의 방향을 돌이켜 하나님에게로 향하는 삶의 방향전환을 회개라고 하지요.

라. 결신 기도 24)

참으로 자매님이 이렇게 하기를 원하신다면 제가 자매님을 위해 기도해 드리겠습니다. 제가 먼저 자매님을 위해 기도한 다음 저를 따라 한마디씩 기도하시면 됩니다.

예

(1) 준비 기도(그를 위해 기도한다 / 이해하고 믿고 회개하도록)

하나님 아버지, 오늘 자매님에게 복음을 전하게 해 주셔서 감사합니다. 우리 자매님이 이 복음의 내용을 잘 이해하고 믿고 회개할 수 있도록 도와주세요.

자매님! 기독교는 고백의 종교입니다. 저를 따라 한 마디씩 기도해 주세요.

예

(2) 영접 기도 (그와 함께 기도한다)

주 예수님/저는 죄인입니다./지금까지 저는/제 자신을 믿고 살아왔습니다/저의 죄를 회개하오니/용서해 주세요/예수님이 저의 죄 때문에/십자가에 죽으시고/또한 부활하신 것을 믿습니다/지금 이 시간/제 마음의 문을 엽니다/예수님이 제 마음에 들어오셔서/저의 구주와 주님이 되어 주세요/이제부터 제가/하나님 앞에 설 때까지/저의 삶을 인도해 주세요./예수님의 이름으로 기도드립니다. 아멘

(3) 확신 기도 (그를 위해 기도한다./구원의 확신을 갖도록)

제가 한 번 더 기도 할께요. 하나님 아버지, 감사합니다. "영접하는 자 곧 그 이름을 믿는 자들에게는 하나님의 자녀가 되는 권세를 주신다"(요1:12)는 말씀대로 하나님의 자녀가 되게 해 주셔서 감사드립니다.
"동이 서에서 먼 것같이 네 죄를 멀리 옮기었느니라. 다시는 네 죄를 기억치 아니하리라"는 말씀대로 우리 자매님에게 죄 용서의 확신을 주시고

"나를 믿는 자는 결단코 멸망치 않고 영생을 얻으리라"는 말씀대로 구원의 확신을 주시옵소서. 예수님의 이름으로 기도 드립니다. 아멘.

마. 구원의 확신 25)

1장

즉석양육

가. 하나님의 가족으로 환영

감사합니다. 오늘 자매님이 예수님을 믿고 영생을 얻어 하나님의 자녀가 되신 것을 축하드립니다.
(훈련생들이 함께 박수를 치면서 축하한다.)

나. 즉석 양육 책자(함께 성장해요)

(1) 책자 소개
이것은 자매님께 드리려고 가져온 책인데요, 여기에는 제가 방금 말씀드린 내용과 자매님이 믿음 안에서 하나님의 자녀로 성장하는데 도움이 될 내용이 들어있습니다.

(2) 나의 영적 생일 카드
먼저 '나의 영적 생일 카드'를 보시지요. 여기 '그리스도에 대한 나의 결정'을 읽어주시겠습니까?

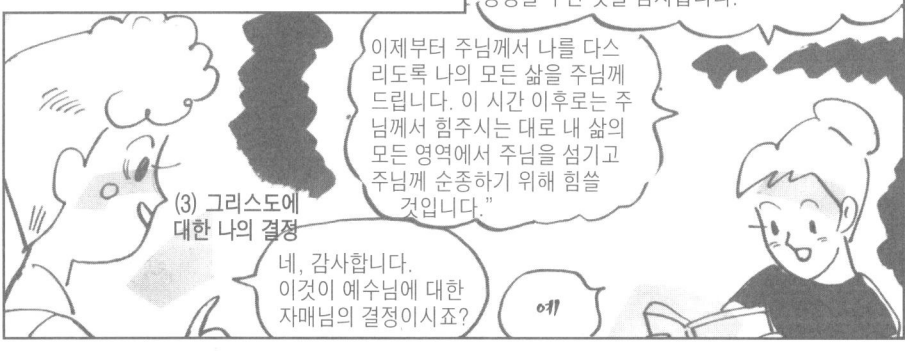

예, "나는 내가 죄인이며 예수님을 나의 구주로 모실 필요를 깨달았습니다. 나는 이제 죄에서 돌이켜 나의 구원을 위하여 오직 예수님만을 믿고 의지합니다. 예수님께서 나의 죄를 용서하시고 모든 죄악에서 나를 구원하셔서 나에게 영생을 주신 것을 감사합니다.

이제부터 주님께서 나를 다스리도록 나의 모든 삶을 주님께 드립니다. 이 시간 이후로는 주님께서 힘주시는 대로 내 삶의 모든 영역에서 주님을 섬기고 주님께 순종하기 위해 힘쓸 것입니다."

(3) 그리스도에 대한 나의 결정

네, 감사합니다. 이것이 예수님에 대한 자매님의 결정이시죠?

예

(4) 대상자 서명
여기에 오늘 날짜를 쓰시고 자매님의 서명을 해 주시겠어요?

(5) 훈련자 서명과 연락처
저도 증인으로서 서명을 하겠습니다. 그리고 제 연락처를 적어 드리겠습니다. 신앙생활에 도움이 필요할 때 연락을 주십시오.
(잘 모르는 대상자일 경우 연락처는 교회로)

다. 신앙 성장의 방편

(1) 성경을 읽으십시오.
(6쪽을 펼치면서) 여기(손가락으로 짚으면서) 진한 글씨를 읽어 주시겠어요.

성경 요한복음을 하루에 한 장 씩 읽어주십시오. 성경은 영혼의 양식입니다. 우리가 밥을 먹어야 몸이 건강하듯이 하나님의 말씀을 읽을 때 우리의 영혼이 건강해 질 수 있지요. 제가 요한복음을 한 권 드리고 가겠습니다.

(2) 기도하십시오. (7쪽을 펼치면서) 매일 기도 시간을 갖고 하나님과 교제하십시오.

하루에 한 장 씩 읽어 보세요.
제가 일주일 후에 다시 찾아뵙고 싶은데 괜찮으시죠. 그 때 질문이 있으시면 도와드리겠습니다.

기도는 영혼의 호흡입니다.
하나님의 자녀들은 기도를 통해
하나님과 교제할 수 있어요.
이렇게 하시면 기도를 쉽게
배울 수 있습니다.

(3) 예배를 드리십시오. (8쪽을 펼치면서)

성경을 바르게 가르치는 교회에 정기적으로 출석하여 예배를 드리십시오. 예배란 구원 얻은 성도들이 함께 모여 하나님을 찬양하고 경배 드리는 것입니다.

자매님, 이번 주일에 함께 예배드리고 싶은데 저와 함께 교회에서 만나시면 어떨까요?

예

네, 그러면 주일 오전 11시에 시작하니까, 제가 10분 전에 우리 교회 정문 앞에서 기다리겠습니다.

(4) 교제하십시오.
(9쪽을 펼치면서)

믿음 안에서 성장하도록 도와줄 그리스도인들과 교제를 나누십시오.
자매님, 교제를 나눈다는 것 역시 매우 중요합니다.

그래서 우리 교회에서는 자매님처럼 처음 나오신 분들을 위해서 새 가족 모임을 운영하고 있어요. 이런 모임에 참여하면 믿음이 잘 자랄 수 있습니다. (새생명반, 목장모임, 삶공부, 성경공부 모임, 봉사모임 등을 소개한다)

(5) 전도하십시오. (10쪽을 펼치면서)

예수 그리스도가 누구신가를 다른 사람들에게 전하는 전도자가 되십시오. 전도를 하셔야 우리의 신앙이 건강하게 자라나게 됩니다. 전도란 내가 받은 구원의 기쁜 소식을 다른 사람과 함께 나누는 것입니다. 하나님의 구원의 역사는 믿는 사람이 안 믿는 사람에게, 또 예수님을 아는 사람이 모르는 사람에게 전함으로 이루어지고 있습니다. 혹시 오늘 들으신 기쁜 소식을 전하고 싶은 분이 있으십니까?

저희 남편이 있는데 어떻게 전해야 할지 모르겠어요.

복음 전하는 것이 어려우시면 저희가 도와 드릴께요. 남편 외에도 이 소식을 전하고 싶은 분이 더 있으면 저희에게 연락을 주세요. 저희가 방문해서 이 소식을 전해 드리겠습니다.

감사합니다.

복음을 전할때 처음 접촉점을 어려워 하는 분들에게
다음 만화는 전도의 서론을 어떻게 시도할 수 있는
몇가지 사례를 소개 했습니다.
실제 전도 현장에서 있었던 사례를 그림으로
옮겨놓았습니다.
누구나 쉽게 배워 생활속에서 자연스럽게 전도할 수
있을 것입니다.

복음들고 산을 넘는 자들의 발길
아름답고도 아름답도다

제 2 장

전도의 접촉점을 개발하라

- 생선가게 아저씨와의 만남
- 꽃가게 아주머니와의 만남
- 카센터 주인 아저씨와의 만남

2장

생선가게 아저씨와의 만남

생선가게 아저씨와의 만남

2장

꽃가게 아주머니와의 만남

꽃가게 아주머니와의 만남

2장

카센터 주인 아저씨와의 만남

카센터 주인 아저씨와의 만남

제 3 장

전도의
기회를
포착하라

- 승강장에서 할머니와의 만남
- 한국 전력공사 기사와의 만남
- 사업 동료인 박사장과의 만남

3장

승강장에서 할머니와의 만남

나. 종교배경

다. 교회에 대한 첫인상

라. 간증

할머니, 조금 전 교회가 불우한 이웃에 대해 관심을 가져 주었으면 하는 바람을 가지셨는데, 사실 교회에서는 사랑과 섬김을 통해 영생의 삶을 보여주려는 데 목적을 가지고 있어요. 또한 사람들로 하여금 영원한 생명을 얻게 하고 그것을 더 풍성히 누리는 법을 전해주는 데 있어요. 그런데 교회 역사를 보면 우리 기독교인들이 영생의 기쁜 소식을 전하는 일에 참 미약했던 것 같아요.

정중하고 진지하게!

그 결과 오늘날 수많은 사람들이 교회를 다니면서도 영생을 얻지 못하고 있어요. 솔직히 말씀드려서 저는 여러 해 동안 교인 생활을 해왔지만 영생을 확신하지 못했어요. 여전히 제게는 죽음에 대한 두려움이 있었죠.[17]

라. 전도자 간증

할머니 손주들은 다 신앙을 갖고 있는데 신영이 할머니께서는 신앙이 필요하다고 생각하지 않으세요?

가끔 나도 신앙을 가져야겠다는 생각을 하곤 합니다.

어느 때 그런 생각을 가지세요?

외롭고 쓸쓸할 때는 누군가에게 의지하고 싶어집니다.

마. 진단질문

네! 그러시군요. 저희 어머니께서도 그런 말씀을 하셨어요.

신영이 할머니! 우리 사람들은 언젠가 이 세상을 떠나지 않겠습니까? 만일 오늘 밤이라도 할머니께서 이 세상을 떠나신다면 천국에 들어 갈 확신이 있으세요?[18]

복음설명

3장

한국전격공사 기사와의 만남

한국전력공사 기사와의 만남

가. 전도의 접촉점

나. 종교배경

다. 교회에 대한 첫 인상

라. 전도자 간증

마. 진단질문

3장

사업동료 박사장과의 만남

다. 우리교회 첫 인상

라. 간증

마. 진단질문

제 4 장

적극적으로 찾아가라

- 공원에서 할아버지와의 만남
- 공항에서 여행객과의 만남
- 병원에서 젊은 엄마와의 만남

누구나 쉽게 배우는 만화전도

4강

공원에서 할아버지와의 만남

공원에서 할아버지와의 만남 　　가. 미소로 시작하는 일반생활

나. 종교배경

그들의 주변 교회 배경

그들의 과거 교회 배경

다. 교회에 대한 첫인상

라. 간증

마. 진단질문

4장

공항에서 여행객과의 만남

다. 교회에 대한 첫 인상

라. 교회 간증

마. 진단질문

복음설명

4장

병원에서 젊은엄마와의 만남

다. 교회에 대한 첫인상

라. 전도자 간증

마. 진단질문

자매님! 우리는 언젠가 이 세상을 떠나지 않겠습니까? 만일 오늘이라도 자매님께서 이 세상을 떠나신다면 천국(영생)에 들어갈 확신이 있습니까?

아니요.

만일 자매님이 오늘이라도 이 세상을 떠나 하나님 앞에 가서 섰는데, 그 분이 자매님께

"내가 너를 나의 천국에 들어오게 해야 할 이유가 무엇이겠느냐"고 물으신다면 어떻게 대답하시겠습니까?

자매님! 이것으로 제 질문은 끝났습니다. 협조해 주셔서 감사합니다.

언니처럼 믿음이 좋고 좋은 일 많이 하면 가는 것 아니겠어요.

자매님, 시간이 좀 더 있으시다면 제가 어떻게 영생 얻은 것을 알게 되었는지 또한 자매님도 어떻게 하면 그것을 알 수 있는지 잠시 말씀을 나누어도 괜찮으시겠습니까?

자매님, 그 기쁜 소식은 천국은 값없이 주시는 하나님의 선물입니다.

전 도

나의 축복을 계속 보내기 위하여
네 빛이 필요하다.

내가 계속 말하기 위하여
네 입이 필요하다.

내가 사랑을 계속하기 위하여
네 마음이 필요하다.

나의 구원을 펴기 위하여
네 자신이 필요하다.

내가 육신을 입고 속죄 사업을 계속하기 위하여
나는 또 한 사람의 네가 필요하다.

만세 전부터 나는 너를 선택하였다.
그러니 아들아(딸아), 나와 함께 있어다오.
내게는 네가 필요하다.

주여 내 잔이 넘치나이다!

종교질문지

안녕하세요 ??
저희는 _____ 교회(학교 · 선교회) _____
입니다.(동행한 팀 대원 소개)

저희는 이 지역에 사시는 분들에 대한 종교현황을 알아보고 혹시 믿음을 찾는 사람이 있으면 도움을 주기 위해서 나왔습니다. 저희들에게 도움이 될 간단한 질문에 대해서 잠시 대답해 주실 수 있겠습니까?

1. (선생님)은 이 지역에 몇 년 동안 사셨습니까?
   ☐ 1년 미만 ☐ 2년 ☐ 3년
   ☐ 4 - 9년 ☐ 10 - 20년
   ☐ 20년 이상 _____ 년

2. (선생님)은 종교를 갖고 계세요?
   ☐ 기독교 ☐ 불교 ☐ 무신론자
   ☐ 천주교 ☐ 유교 ☐ 무교
   ☐ 기 타_____

3. (선생님)은 매주 교회(절)에 나가십니까?
   ☐ 매 주   ☐ 가끔씩
   ☐ 안나감   ☐ 기타_____
   자녀분(부모님)중에 혹시 교회에 다니고 계신 분이 있으세요?
   ☐ 예   ☐ 아니요

4. 혹시 유년시절 교회에 나가신 적이 있으세요?
   ☐ 예   ☐ 아니요
   어려서 교회에 나갔을 때에 인상깊게 기억되는 점이 있으세요?
   ☐ 간식   ☐ 동화   ☐ 친구
   ☐ 선생님 ☐ 교회노래   ☐ 문학의 밤
   ☐ 기 타_____

5. (선생님)께서는 교회가 이 지역을 위해서 어떤 일을 해 주었으면 하는 바램이 있으십니까?
   ☐ 노인복지   ☐ 탁아시설   ☐ 상 담 소
   ☐ 문화공간   ☐ 주부교실   ☐ 의료진료
   ☐ 교회시설 개방
   ☐ 기 타_____

6. 사람이 살다보면 어느 때 종교가 필요하다고 생각하세요?
   ☐ 질병   ☐ 외로움   ☐ 실직   ☐ 이혼
   ☐ 사업실패   ☐ 정년퇴임 ☐ 자녀문제
   ☐ 사별   ☐ 무목적   ☐ 기타_____

7. 우리는 언젠가 세상을 떠나지 않겠습니까? 선생님 만일 영원한 행복을 누릴 수 있는 천국이 있다면 천국에 들어갈 것을 확신하시나요?
   ☐ 예   ☐ 아니요   ☐ 희망함

8. 끝으로, (선생님)이 천국에 들어갈 수 있다면 그 이유가 무엇이라고 생각하십니까?
   ☐ 선행   ☐ 바른 삶   ☐ 성실함
   ☐ 믿음   ☐ 모르겠다. ☐ 기타(   )
☞ 이것으로 제 질문은 끝났습니다.
   협조해 주셔서 감사합니다.

종교질문지 보고서

1. 제 ____ 조 방문 보고 드립니다.
2. 저희 팀은 훈련자는 _____, 훈련생_____, _____ 입니다.
3. 저희들은 _____에 사시는 _____씨 성을 가진 _____세 되신 (미혼 / 기혼)의 (남자 / 여자) 분을 만났습니다.
4. 그 분의 종교 배경은 _____였고, 직업은 _____였습니다.
5. 교회가 이지역사회를 위해서 해 주길 원하는 바램은
6. 천국에 들어갈 확신은 (없었고 / 있었고), 하나님의 '이유' 에 대한 대답은 (믿음 / 행위 / 불확실 /대답안함)이었습니다.
7. 훈련자는 _____부분을 제시 (하였고 / 참관하였고), 훈련생은 _____부분을 제시 (하였고 / 참관하였고), 그 결과는 _____했습니다.
8. 즉석양육은 (했고 / 안했고), 후속 양육으로 (24시간 이내 전화) / 토요 전화 심방 / 예배 참석 약속 / 7일 후 재 방문 약속) 했습니다.
9. 현장 실습에서 느낀 점은?
   • 현장에서 특별한 경험(교훈):_____
   • 성령께서 인도하심 : _____
   • 문제점 : _____
   • 기도제목 : _____
   • 연락처 : _____

종교질문지 교안

1 개   관

　한국 정서에 맞는 종교질문지는 효과적인 전도 원리로서, 공공 장소나 일상적인 우리의 생활 속에서 만나는 사람들에게 접근하여 그들의 영적인 상태를 진단하고 하나님께서 준비해 놓으신 영혼을 찾는 중요한 도구가 될 것이다. 이 종교질문지를 통해서 전도의 **접촉점**을 **보다 쉽게** 성취하는 법을 배우게 될 것이다.

2 성경적 기초

　예수님은 행로에서 우연히 접촉되는 전도의 기회에 민감하셨다. 예수님께서는 전도의 기회를 찾으시기 보다는 예수님의 전도는 **생활**이셨다. 성경 말씀에 "예수께서 행로에 곤하여 우물 곁에 그대로 앉으시니 때가 제 육시쯤 되었더라 사마리아 여자 하나가 물을 길러 왔으매 예수께서 **물**을 좀 달라하시니" (요 4:6-7) 라고 말씀하시면서 예수님의 대화가 전도로 자연스럽게 이어지셨음을 볼 수 있다.

3 훈련목적

가.　전도자가 현장 전도 초기부터 **전도의 접촉점**을 보다 쉽게 이해하여 적극적으로 복음 제시에 참여할 수 있도록 하는데 있다.

나.　종교질문을 통해 지역 주민들이 교회에 대한 그들의 **인상**과 교회에 대한 그들의 요구를 파악하고 지역 주민의 **필요**를 채울 수 있는 일이 무엇인가를 알 수 있으며 지역사회의 **영적인** 상태를 진단하여 전도의 방향을 결정하는데 도움이 될 것이다.

다.　관계중심 전도 대상자가 없을때 **공공장소**에서 전도 대상자를 **창의적**으로 찾는데 기여 할 것이다.

라.　약속된 방문전도 대상자를 전도하는 것이 **양어장**에서 낚시하는 것이라면 종교질문지 전도는 바다 물결이 넘실거리는 **바다낚시** 하는 것과 같다. 항상 준비된 전도 대상자를 만나 복음을 전하는 것보다 정해진 대상자 없이 기도하고 흥용하는 세상(世上)의 어장(漁場)으로 나아가 **다양한 고기**를 잡는 것은 신나는 일이다.

4 종교질문지 내용

전도폭발 한국본부에서 종교질문지를 구입할 수 있다.(02)3411-5974

5 종교질문지 활용방법

· 접 촉 방 법 ·

① 가능하면 병원이나, 공원, 터미널, 역, 공항 등 사람들을 쉽게 접촉할 수 있는 공공장소를 선택하십시오.

② 종교질문지를 들고 나가기 전, 전도자의 기도는 전도 대상자와 이미 **영적인 교제**가 시작된 것이다. 전도자의 **확정된 믿음**에 따라 전도 대상자와의 접촉 여부가 판가름된다는 사실을 명심하십시오.

③ 멀리서 전도 대상자를 선정하고 기도한 후 **측면**으로 다가 가십시오.

④ 밝은 표정과 **정중한** 태도, 옷차림은 단정히 하십시오.

⑤ **허리굽혀** 공손히 인사하십시오.

⑥ 공공장소에서 전도 대상자에게 접근할 때 종교질문지를 먼저 드러내기 보다는 질문지 내용을 미리 **외워** 놓고 전도 대상자와 공감대를 형성할 수 있는 **접촉점**을 찾아 자연스런 일상 대화 중 종교 질문지 순서에 따라 대화를 이끌어가는 지혜가 필요합니다.

⑦ 전도자는 말에 강약과 말의 속도, 발음, **표정**, 말을 잇기와 띄기가 명확해야 같은 말을 들어도 **설득력**이 있습니다.

· 자기소개 및 질문의 요점 ·

① 전도자의 목소리는 **맑고, 상냥**해야 한다. 또한 **또박또박** 자신을 정확히 소개하십시오.
예를 들면, 저는(어느 교회에 다니는… 어느 학교에 다니는… 00약국 옆에 사는…00동 통장인… 보건복지부에 근무하는… 현대아파트 부녀회장인… 0 0대학 학생인 누구 누구입니다)

② 교회에 대한 거부감을 갖고 있는 전도 대상자에게는 공적인 자기 직업

이나 사회봉사 기관의 **직함**을 활용하는 것이 지혜이다.

③ 설문 조사 **목적**을 분명히 밝히라. 종교 현황 조사를 통해 지역에 교회가 지역 주민의 **필요**를 채우고 사랑과 섬김을 통해 지역 영생의 삶을 보여주고자 함이다.

④ 설문 조사를 통해서 질문에 응해주는 대상자들이 평소 자기가 생각하고 있던 기독교인들과 차이가 있다는 **좋은인상**을 줄 수 있어야 한다.

⑤ 단순하고 **간단한** 질문지임을 정확히 밝히라.

⑥ 질문지 내용을 서서 진행하지만 복음제시 기회를 얻으면 **편한 장소**에 앉는다. 서 있는 자세는 **도전적**인 자세이지만 앉아 있는 자세는 **수용적**인 자세이다.
전도 대상자와 접촉 이후 재치있는 전도자의 **안정**되고 친근감있는 자세는 전도의 **성공** 유무를 좌우한다.

⑦ 축호 전도시 다른 전도자가 같은 날 거듭하여 방문하지 않도록 대문에 작고 예쁜 **스티커**를 붙혀 놓는다.

· 각 질문 문항이 담고 있는 내용 ·

1번 질문   (선생님)은 이 지역에서 몇년동안 사셨습니까?

① 다음 문항에서 그들의 일반 생활의 목적을 성취한다. 지연(地緣), 혈연(血緣), 학연(學緣) 등 **공감대**를 찾아 일체감을 형성한다.

② 종교질문지 활용 장소에 따라 **1번**질문 내용을 자연스럽게 변형할 수 있다.
   ▶ 병원에서 사용시 : "언제 병원에 입원하셨습니까?"
   ▶ 공항이나 터미널이나 역에서 사용시 : "어디까지 가십니까?"
   ▶ 해외 이민 사회에서 사용시 : "이곳에 이사(해외) 오신지 몇 년이나 되셨어요?"
   ▶ 캠퍼스에서 사용할 때 : "몇 학번이세요? 또는 무슨 과(科) 학생이세요?"

③ 그들의 일반 생활과 그들의 교회 배경, 우리 교회까지 이어지는 1번부터 4번 문항까지에서 전도 대상자의 **마음**을 얻을 수 있어야 한다. 속히 진행하되 이 점을 유의하라.

④ 평소 자기 목소리보다 한 옥타브 높은 소리로 해야 듣는 사람에게 밝은 인상

과 **호감**을 줄 수 있다.

2번 질문 (선생님)은 종교를 갖고 계세요?

① 다음 문항에서 그들의 교회 배경을 **진단**한다.

② 전도 대상자가 타 종교 배경이라 할지라도 부모나 자녀들 중 **교회배경**을 갖고 있는 사람을 찾아라.

③ 그들과 또한 주변 사람들의 교회 배경을 찾았을 때 더 **친근감**있게 전도 대상자에게 접근할 수 있다.

3번 질문 (선생님)은 매주 교회(절)에 나가십니까?

① 다음 문항에서 교회에 대한 그들의 첫 인상(우리교회)이 긍정적인가 아니면 부정적인가를 진단한다.

② 의미있는 질문과 대답들은 그들의 대답을 정확히 **반복**함으로써 적극적인 자세로 듣고 있음을 확인시켜 준다.
"아! 그러셨군요. 그래서 어떻게 되셨나요?"
"예! 그런 일이 있으셨군요." "잘 하셨어요." "참 대단하시군요." "저도 그렇게 생각합니다." "참 좋은 **지적**을 해주셨습니다."

4번 질문 혹시 유년시절 교회에 나가신 적이 있으세요?

① 다음 문항에서는 위 문항에서 전혀 교회 배경을 찾지 못했을 경우 과거 유년 시절 교회 출석 경험이 있다면 **추억** 속에 기억되는 교회 배경을 연상시켜 **영적**인 일에 함께 나눌 공감대를 찾는다.

② 전도 대상자의 마음을 아련한 유년 시절 교회에 대한 추억으로 이끌 수 있어야 한다.

5번 질문 (선생님)께서는 교회가 이지역을 위해서 어떤 일을 해 주었으면 하는 바램이 있으십니까?

① 종교질문지 사용 장소에 따라 5번 문항은 질문의 내용을 바꾸어도 같은 목적을 성취할 수 있다.
예 : 교회에 대한 바램과 기독교인들에게 충고 한 마디 해주시겠습니까?
다음과 같은 질문은 예상되는 많은 **반대의견**을 하나로 **일축**시킬 수 있다.

② 질문지 조사를 하는 **주된목적**을 전도 대상자가 **5번문항**에서 느낄 수 있어야 한다.

③ 다음 문항에서 지역 사회가 교회에 대해 갖는 그들의 **요구**사항들을 파악하여야 한다.

④ 우리는 사람들의 종교적인 생각을 알아보고 신앙을 찾는 사람이 있으면 도와주기 위해 나왔다는 사실을 다음 문항에서 밝혀야 한다.

⑤ 교회가 힘써 하고자 하는 일을 소개하라. 30초 이내의 요약된 **교회간증**을 할 수도 있다.

⑥ 교회 간증에서 이어지는 개인 간증은 목소리 음을 조금 낮추고 **신중**하고 진지하게 나누는 것이 바람직하다.

> **6번 확신질문** 사람이 살다보면 어느때 종교가 필요하다고 생각하세요?

① 다음 문항에서 간증의 일치되는 **주제**를 순발력있게 찾아 간증을 하라.
30초 이내에 할 수 있어야 한다. "저희 아버님께서도 영생을 얻기 이전 선생님과 같은 병고로 고생하셨어요. 그런데 어느 날 아버지 인생에 중요한 변화가 있었습니다. 그것은 아버지가 영생을 얻게 된 것입니다. 영생을 얻은 이후 나머지의 생(生)을 말할 수 없는 기쁨과 감격으로 사셨어요. 그것은 영생을 확신하셨기 때문이죠.
(선생님) 제가 질문하나 드려도 되겠습니까? 만일 (선생님)은 (선생님)의 신앙(일상) 생활 가운데 오늘 밤이라도 이 세상을 떠나신다면 천국에 들어갈 것을 확신하고 계십니까?"

② 간증이 끝나면서 복음으로 넘어가는 주제 전환 문장부터는 아주 **밝은 목소리**로 **천국**에 대한 밝은 인상을 줄 수 있어야 한다.

> **7번 확신질문** 우리는 언젠가 세상을 떠나지 않겠습니까?
> 선생님 만일 영원한 행복을 누릴 수 있는 천국이 있다면 천국에 들어갈 것을 확신하시나요?

① 자연스럽게 첫 번째 진단 질문으로 이어간다.

② 다음 문항까지 진행해 오기 전 이미 전도자는 이 사람이 오늘 하나님께서 **선정** 해 놓으신 준비된 영혼인가 알 수 있을 것이다.

8번 확신질문 끝으로, (선생님)이 천국에 들어갈 수 있다면 그 이유가 무엇이라고 생각하십니까?

① 이어서 두 번째 진단 질문을 하라.
② 이제 설문 조사가 끝났음을 암시하면서 설문지를 자연스럽게 덮는다.
③ 전도자의 첫 **인상**도 매우 중요하지만 종교질문을 끝나고 마무리를 하는 작별 인사도 중요하다. 그 다음 그가 만날 전도자를 위해서 좋은 **인상**을 남기고 떠나야 함을 전도자는 명심하십시오.

☞ 이것으로 제 질문은 끝났습니다. 협조해 주셔서 감사합니다.
☞ (선생님) 시간이 좀 더 있으시다면 제가 영생 얻은 것을 어떻게 알게 되었는지, 또한 (선생님) 어떻게 하면 그것을 알 수 있는지 잠시 말씀을 나누어도 괜찮으시겠습니까?
　□ 예　　　□ 아니요　　□ 묻지 않았다

1. 접촉일시 : _____월 _____일 _____요일
　　　　　　□ 저녁(밤)　□ 오후　　□ 오전
2. 접촉형태 : □ 집에서　　□ 공공장소에서
　　　　　　□ 전화로　　□ 축호전도로
3. 나   이 : □ 초등학생　□ 중학생　　□ 고등학생
　　　　　　□ 청년(대학생)　□ 30대　□ 40대　□ 50대
　　　　　　□ 60세 이상　성별 : □ 남자　□ 여자
4. 대   상 : □ 초등학생　□ 중학생　　□ 고등학생
　　　　　　□ 청년(대학생)　□ 30대　□ 40대　□ 50대
　　　　　　□ 60세 이상　성별 : □ 남자　□ 여자
5. 결   과 : □ 결신　　□ 보류　　□ 이미신자　□ 접촉
6. 양육지도를 : □ 했고　□ 안했고
7. 예배참석 약속을 : □ 했습니다　□ 안했습니다
8. 후일 방문약속을 : □ 했고　□ 안했고　□ 묻지 않았다
9. 전도책자를 : □ 주었다　□ 주지 않았다
10. 전도편지(양육편지)를 보내드려도 되겠습니까? :
　　　□ 예　　□ 아니요　□ 묻지 않았다
11. 논평 : □ 성령의 인도하심 _____
　　　　　□ 교훈과 격려 _____
　　　　　□ 중보기도제목 _____

각 주

1) 제임스 케네디, 김만풍역 "전도폭발 3개정판, (서울: 생명의 말씀사) pp. 39-76
   D. James Kennedy and Thom, "Evangelism Explosion" 3rd Published in English by Tyndale House Publishers. Wheaton I II., U.S.A. 1984

2) 제임스 케네디, 김만풍역 "전도폭발 3개정판, (서울: 생명의 말씀사) p. 51

3) 송기숙, 전도폭발 훈련생 간증 (경남: 함양반석교회 1990. 5)

4) 제임스 케네디, 김만풍역 "전도폭발 3개정판, (서울: 생명의 말씀사) p. 52

5) Ibid, p. 53

6) Ibid, p. 54

7) 제임스 케네디, 토마스 H. 스테빈스 공동개정, 김만풍역 "전도폭발 4개정판, p. 58

8) D. James Kennedy and Thom, "Evangelism Explosion" 4th Published in English by Tyndale House Publishers. Wheaton I II., U.S.A. 1996)., p. 41

9) 제임스 케네디, 김만풍역 "전도폭발 3개정판, (서울:생명의 말씀사) p. 56 (오늘날 표현으로 수정)

10) Ibid, p. 57 (오늘날 표현으로)

11) Ibid, p. 59

12) 디 제임스 케네디, H. 스테빈스 공동개정, 김만풍역 "전도폭발 4개정판, (서울:전도폭발) p. 61

13)~26) Ibid, pp. 62-75, see, D. James Kennedy and Thom, "Evangelism Explosion" 4th Published in English by Tyndale House Publishers. Wheaton I II., U.S.A. 1996), pp. 44-53

27) Evangelism Explosion, Level I Training Notebook, 1993, p. 4

28) 디 제임스 케네디, 김만풍역 "전도폭발 3개정판, (서울:생명의 말씀사) p. 219 (오늘날 표현으로 수정)

사명선언문

너희가 흠이 없고 순전하여······세상에서 그들 가운데 빛들로
나타내며 생명의 말씀을 밝혀 _ 빌 2:15-16

1. 생명을 담겠습니다
만드는 책에 주님 주신 생명을 담겠습니다.
그 책으로 복음을 선포하겠습니다.

2. 말씀을 밝히겠습니다
생명의 근본은 말씀입니다.
말씀을 밝혀 성도와 교회의 성장을 돕겠습니다.

3. 빛이 되겠습니다
시대와 영혼의 어두움을 밝혀 주님 앞으로 이끄는
빛이 되는 책을 만들겠습니다.

4. 순전히 행하겠습니다
책을 만들고 전하는 일과 경영하는 일에 부끄러움이 없는
정직함으로 행하겠습니다.

5. 끝까지 전파하겠습니다
모든 사람에게, 땅 끝까지, 주님 오시는 그날까지
복음을 전하는 사명을 다하겠습니다.

서점 안내

광화문점	서울시 종로구 새문안로 69 구세군회관 1층 02)737-2288 / 02)737-4623(F)
강남점	서울시 서초구 신반포로 177 반포쇼핑타운 3동 2층 02)595-1211 / 02)595-3549(F)
구로점	서울시 동작구 시흥대로 602, 3층 302호 02)858-8744 / 02)838-0653(F)
노원점	서울시 노원구 동일로 1366 삼봉빌딩 지하 1층 02)938-7979 / 02)3391-6169(F)
일산점	경기도 고양시 일산서구 중앙로 1391 레이크타운 지하 1층 031)916-8787 / 031)916-8788(F)
의정부점	경기도 의정부시 청사로47번길 12 성산타워 3층 031)845-0600 / 031)852-6930(F)
인터넷서점	www.lifebook.co.kr